MAJOR DE L'ARMÉE

2e Bureau

CONFIDENTIEL

ENSEIGNEMENTS

DE LA

GUERRE RUSSO-JAPONAISE

Note n° 12. — Tactique d'Artillerie (choix des positions et exécution des feux).

Mars 1906

Exemplaire n° .... **remis à** ....

Correction faite
[illegible]

Etat-Major de l'Armée

2e Bureau

Confidentiel

Mars 1906.

Enseignements de la guerre russo-japonaise

Note N° 12

Tactique d'Artillerie
(Choix des positions et Exécution des Feux)

Sommaire — Pages

Choix des positions et Exécution des Feux.

I
Tir direct et tir indirect

Avertissement. - Les expressions relatives aux divers genres de tir employées par les différents membres des Missions, ont été uniformisées et doivent être entendues dans le présent chapitre avec le sens suivant :

L'expression : tir à pointage direct ne se prête à aucune confusion.

L'expression : tir à pointage indirect signifie un tir masqué dans lequel les batteries sont placées (généralement peu en arrière du couvert) de manière que le capitaine soit assez près de sa batterie pour pouvoir à la fois observer le tir et commander le feu.

L'expression : tir indirect est exclusivement réservée au tir dans lequel l'officier qui commande le feu ne peut pas observer lui-même le tir.

L'artillerie russe emploie au début le pointage direct.

Au début de la campagne, (Yalou, Vafangou) les batteries russes s'installèrent sur les crêtes mêmes, derrière des

épaulements. ....

épaulements qui rendaient plus visible encore leurs emplacements (Général Silvestre). Elles agirent par un tir à pointage direct qui fit subir aux Japon des pertes assez sérieuses (Général Lomba mais elles furent soumises aux vues de l'artillerie japonaise qui avait eu le loisir de les repérer exactement et étai à même d'exécuter sur elles un tir pre et efficace (Général Silvestre). Les grand pertes éprouvées par l'artillerie russe dans les premières batailles la firent renoncer définitivement aux positions dominantes et au pointage direct.
(Général Silvestre)

Emploi du tir indirect par les Russes après Vafangoou

Au lendemain de Vafangou (15 juin 1904), une réforme radicale fut entreprise (Général Silvestre). C'est à ce moment (8 juillet 1904) que le Génér Ivanof adressa à ses troupes une Ins- × truction dans laquelle il met en relief les avantages du pointage in- direct, dont les appareils de pointage du nouveau canon permettaient aisé- ment l'execution. Bien que cette Instruction préconisât de préférence les positions dans lesquelles le commandement de batterie peut d'un point voisin à la fois command

le feu .....

le feu et observer le tir (1) on tomba dans l'exagération. « Il devint de règle de rechercher pour les batteries des positions telles que, non seulement elles fussent invisibles, mais qu'il fut presque impossible aux batteries adverses de les atteindre autrement que par hasard. On n'employa plus guère que le tir indirect. Les observations faites par des officiers placés sur les hauteurs, à plusieurs centaines de mètres de distance, étaient transmises au moyen de fanions multicolores et par des chaînes de plantons. Ce procédé, s'il peut réussir avec un personnel exercé, est en tous cas très lent. De nombreux téléphones furent, dans la suite, livrés à l'artillerie et rendirent des services; mais souvent le bruit de la canonnade fut un obstacle à leur emploi régulier." (G. Silvestre)

Résultats obtenus par les Russes avec le tir indirect. - Dans ces conditions, le feu de l'artillerie .....

(1) "Il est nécessaire d'avoir à proximité des batteries des points d'où les commandants de batterie puissent voir les objectifs. Si cela est irréalisable, il faut alors faire diriger le tir d'après les indications d'un observateur sûr (officier) placé en un point convenable."
L'éloignement des batteries à grande distance de la crête couvrante conduit ordinairement à ceci que les commandants de ces batteries qui restent sur la crête pour l'observation du tir se trouvent très éloignés de leur troupe, ce qui diminue leur surveillance sur la batterie et rend difficile la direction du feu parce qu'il faut établir une chaîne d'hommes pour transmettre les commandements. Il y a exception, quand, auprès des batteries se trouvent d'autres points élevés qui permettent de voir le but par-dessus les crêtes." (Instruction relative à l'emploi de l'artillerie du Général Lieutenant Ivanof.)

l'artillerie russe ne pouvait être éteinte mais son action devint tout à fait inefficace (Général Lombard)

Il est rationnel de penser que les résultats douteux produits par une canonnade d'une journée entière étaient dûs à des erreurs de direction, quand les batteries étant au bas de pentes élevées le commandant de batterie se trouvait au sommet à 500 mètres et plus de distance. (Général Silvestre)

"La raison de cette inefficacité réside en outre, dans ce fait que l'artillerie russe n'était pas prête à l'emploi du tir indirect. Le pointage était fait à l'aide du goniomètre dont les artilleurs russes ne savaient pas tirer parti, la plupart des batteries n'ayant reçu le matériel qu'au moment de partir en campagne. On se servait avec plus ou moins d'exactitude des méthodes françaises dont on faisait la première étude sur le champ de bataille. Si quelques jeunes officiers sont arrivés à la pratique du repérage au moyen du goniomètre, la plupart des commandants de batteries n'y arrivaient que très imparfaitement." (Gal Silvestre)

D'après le Commandant Payeur, l'artillerie russe a cependant été contrainte, dans la seconde partie de la guerre, a faire quelquefois du tir à pointage indirect parce qu'il n'est

souvent.....

souvent pas possible de trouver des positions de tir indirect pour un grand nombre de batteries.

Emploi exceptionnel du tir indirect par les Japonais.-

"Les artilleurs japonais n'ont eu que rarement recours au tir indirect et seulement dans des cas spéciaux. Leurs batteries étant dépourvues de boucliers, ils ont employé le tir indirect quand ils n'avaient pas le temps de construire des épaulements (sol gelé par exemple)." (Commandant Sayeur)

"Pratiquement, nous n'avons vu que deux fois des batteries de campagne japonaises faire du véritable tir indirect. Les procédés de pointage étaient alors analogues à ceux en usage chez nous avec le matériel de Bange." (Gal Lombard)

"Les résultats de l'observation étaient transmis à la voix par l'intermédiaire d'un ou deux hommes placés entre le poste d'observation et la batterie. Si la distance était plus grande et si plus de deux hommes étaient nécessaires on employait des fanions. Près de la ligne de feu, ces moyens sont les plus pratiques. Les Japonais connaissaient l'inconvénient des fanions qui est d'être souvent visibles pour l'ennemi, mais ils n'ont pas trouvé de procédés meilleurs. On se servait quelquefois du téléphone, mais on ne

peut........

peut compter sur ce moyen, car le fil est souvent coupé." (Commandant Payeur)

Emploi normal du tir à pointage direct et à pointage indirect par les Japonais.- "Les Japonais ont fait presque exclusivement usage du tir à pointage indirect et à pointage direct. Les batteries, dont les emplacements avaient été préparés à loisir et qui offraient au personnel un abri très complet, étaient la plupart du temps placées de manière à permettre le pointage direct. Dans les autres cas, on défilait les pièces en arrière de la crête de manière que l'ennemi ne puisse voir que les lueurs." (Commandant Payeur). "Quand le terrain était absolument plat, on se plaçait derrière un couvert, hautes cultures ou village". (Général Lombard) "On employait alors le pointage indirect. Eventuellement l'observation était faite, soit du toit d'une maison, soit d'un arbre voisins, soit d'une échelle en bambou portée, dans les marches, par le chariot de batterie." (Général Lombard)

"En somme, tout en cherchant à dissimuler leur artillerie aux vues pour la protéger, les Japonais ont voulu avant tout que leurs batteries fussent en situation de battre efficacement l'ennemi, d'exécuter de rapides changements d'objectifs et de parer aux divers incidents du combat. Dans ces conditions

ils n'ont......

ils n'ont placé que très exceptionnellement leur artillerie très en arrière des crêtes comme le faisaient en général les Russes. Ils ont presque toujours exécuté du tir masqué, c'est à dire à pointage indirect avec observation directe par le capitaine." (Général Lombard)

"La manière de procéder des Japonais pour le placement de leur artillerie a d'ailleurs peu varié dans le courant de la campagne. Cependant on peut dire qu'à l'inverse des Russes ils ont fait de moins en moins du tir indirect." (Commandant Payeur)

nseignements. – "Le tir indirect, exécuté en arrière d'un couvert, rend l'artillerie presque invulnérable." (Général Lombard) Il peut être employé avantageusement dans la période de reconnaissance, de tâtonnement du début de la bataille," (Général Lombard), "par un nombre restreint de batteries qui ont un objectif bien défini ou dont on veut se servir au début pour ne pas révéler l'emplacement des batteries à tir direct," (Commandant Payeur) "ou encore en présence d'une artillerie numériquement très supérieure." (Général Lombard)

"L'artillerie des arrière-gardes pourra également faire avantageusement du tir indirect de façon à forcer l'ennemi à se déployer, à progresser avec

prudence......

prudence ; puis à se dégager elle-même, bref à gagner du temps." (Ct Payeur)

"Le tir indirect s'imposera donc dans l'avenir comme il s'est imposé en Mandchourie. Ce sera même le tir le plus fréquent dans les premières positions où l'invisibilité s'impose, où des épaulements visibles ne peuvent offrir une protection certaine. Il est urgent que notre artillerie y soit réellement exercée." (Général Silvestre)

"Il est en particulier nécessaire de pousser très loin l'étude et la pratique de l'observation du tir d'un point éloigné des batteries et situé en dehors de la ligne de tir. Il est nécessaire que dans chaque tir tous les officiers disponibles et des sous-officiers choisis y soient exercés en permanence."

(Général Silvestre)

"Il importe de rechercher des moyens pratiques pour communiquer le résultat des observations. Si l'on n'en trouve pas de meilleur, on doit doter les batteries de fanions et exercer le personnel à ~~son~~ leur emploi. L'usage du téléphone est la plupart du temps illusoire."

(Général Lombard)

"Mais le tir indirect a l'inconvénient d'être plus difficile à diriger, de se prêter mal aux changements d'objectifs, au tir sur buts mobiles ou apparaissant à l'improviste". (Ct Payeur).

Il est....

"Il est inefficace et ne répond pas aux nécessités des différentes phases du combat." (Général Lombard) "Les batteries ne peuvent surveiller efficacement le terrain en avant du front." (Commandant Payeur)

"Lorsque la situation sera dessinée et qu'il s'agira d'obtenir des résultats décisifs on sera donc conduit à placer son artillerie très près de la crête, faisant du tir à pointage indirect et même quand cela sera possible à pointage direct." (Général Lombard) "Ce dernier permet seul de surveiller efficacement le terrain en avant, de coopérer à une attaque, surtout de contribuer à la défense d'une position."

(Commandant Payeur)

"Le tir masqué à pointage indirect, c'est à dire un peu en arrière d'une crête, ou d'un autre couvert, sera donc le tir le plus fréquent, mais le tir à pointage direct sera nécessaire dans beaucoup de cas." (Général Lombard)

"En résumé, il faut que notre artillerie soit rompue à l'exécution du pointage indirect mais il ne faudrait pas qu'on lui inculquât l'idée qu'elle ne pourra jamais tirer autrement, que si elle se montre elle est perdue.

"Ce serait une doctrine déprimante et contraire aux faits de guerre observés. Une artillerie vue n'est pas pour cela détruite, surtout quand elle est pourvue de boucliers et de caissons à l'épreuve."

(Général Lombard)

II
Distances de tir

Emploi général du tir aux grandes distances. - L'emploi des armes modernes a élargi les dimensions du champ de bataille, (Général Lombard) et les distances de tir ont été plus considérables qu'on ne l'admettait antérieurement. "Russes et Japonais se sont généralement tenus à la limite extrême d'efficacité de leurs pièces. Cette distance pour le shrapnel était limitée, par la durée de la fusée, à 4300 mètres pour les Japonais et au-delà de 5000 mètres pour les Russes." (Général Silvestre)

"Le feu des batteries japonaises de campagne a été généralement ouvert entre 4 et 5 kilomètres sur les batteries russes; on a même tiré parfois dans les deux partis jusqu'à la limite extrême de la hausse." (Général Lombard)

"Au début du combat du 1er Mars 1905, le 2e Régiment d'artillerie japonais (2e Division) tirait à 6000 mètres. Il dut cesser bientôt cette canonnade sans résultat possible pour tirer à 4600 mètres sur le point d'attaque." (Commandant Payeur)

Pourquoi on employa le tir aux grandes distances. - "C'est pour échapper au tir de l'artillerie japonaise que les batteries russes se sont efforcées de se placer à une distance

supérieure .....

supérieure à 4000 mètres. Quand elles se sont trouvées aux distances appelées moyennes, (2500m.) ce fut toujours par suite d'une erreur ou d'une surprise." (Général Silvestre)

"Du côté japonais, ces grandes distances étaient la plupart du temps imposées par le terrain; mais il semble que dans maintes occasions elles n'étaient justifiées que parce que les Japonais voulaient éviter d'engager sérieusement leur artillerie" (Commandant Payeur) "non pas tant par raison de prudence que pour économiser le matériel, les chevaux et ménager un personnel plus difficile à remplacer et à dresser que celui de l'infanterie." (Général Lombard)

Résultats du tir à grande distance. — Les résultats obtenus par les Japonais aux grandes distances dans les premières batailles, alors que les troupes russes étaient bien visibles montre que l'artillerie peut dans la pratique, être réellement efficace jusqu'aux limites extrêmes de l'emploi du shrapnel, à la condition expresse que le tir puisse être convenablement observé. (Général Silvestre) "Mais en général, la lutte d'artillerie engagée à ces distances sur des objectifs peu visibles donnait des résultats insignifiants. L'artillerie japonaise intacte pouvait appuyer sérieusement son infanterie qui avait peu à craindre de l'artillerie russe placée

trop ....

trop en arrière de sa ligne d'infanterie. L'artillerie russe, si elle s'était approchée à courte distance, aurait cependant pu gêner considérablement l'artillerie japonaise et l'empêcher de tirer sur les objectifs de l'attaque." (Commandant Payeur)

Cas d'emploi du tir aux moyennes et petites distances. – Les Japonais ne se sont cependant pas toujours tenus à des distances exagérées. "Dans la suite du combat, les reconnaissances et l'occupation de certains points par l'infanterie permettaient généralement pendant la nuit de rapprocher des batteries. Le 3 mars, le 2e régiment d'artillerie dont il est parlé ci-dessus n'était plus qu'à 2.800 m. de l'artillerie russe. Quand il n'y avait rien à craindre de l'ennemi, comme ce fut le cas lors de l'attaque faite par le 16e régiment (2e Division) le 13 octobre 1904, on rapprochait les batteries à 2000 et 1800 m." (Ct Payeur)

x "Dans quelques cas très rares, l'artillerie japonaise s'est même montrée audacieuse, se portant par exemple à 1600m de la ligne ennemie (attaque de la 8e Division à Moukden, du 4 au 8 mars pour préparer et soutenir l'attaque de son infanterie.)" (Général Lombard) x

Enseignements. – "Il résulte d'une façon indiscutable de l'expérience de la guerre de Mandchourie, que désormais la lutte sera

exécutée......

exécutée à des distances plus grandes qu'il n'avait été admis auparavant." (Général Silvestre) "On peut tenir pour certain qu'avec les armes modernes l'artillerie engagera toujours le combat de loin." (Commandant Payeur) "Il n'y a pas d'autres limites aux portées efficaces que celles de la combustion de la fusée et de la possibilité d'observer le tir." (Général Silvestre)

"Il est urgent que notre artillerie soit exercée à tirer de loin, (Général Lombard) qu'elle cesse de faire la majorité de ses tirs d'école aux moyennes et aux petites distances (en-deçà de 2500 m.) qui sont trop faciles pour exiger de nombreux exercices". (Général Silvestre)

"Le plus grand nombre des tirs doit être exécuté jusqu'à l'extrême limite permise par les champs de tir. Nos champs de tir, trop petits, doivent d'urgence être agrandis ou changés. Il est hors de doute qu'une artillerie exercée, surtout aux grandes distances, saura sans difficulté tirer avec une perfection plus grande qu'autrefois quand elle sera appelée à tirer aux moyennes et aux petites distances."
(Général Silvestre)

"Il faut que les officiers d'artillerie aient de bons yeux et soient pourvus des meilleures lunettes existantes." (Commandant Payeur)

"Cependant .....

"Cependant, malgré l'importance et la fréquence dans l'avenir du tir aux grandes distances, il serait dangereux de ne compter que sur lui. Une fois la supériorité du feu obtenue, il sera nécessaire que l'artillerie se porte à des distances voisines de 2500^{m} Pour obtenir des résultats décisifs, il faut se trouver à une distance assez faible pour que l'observation soit sûre et permette un tir précis. Les batteries devront, dans tous les cas, ouvrir le feu à la distance la plus rapprochée que permettront les circonstances." (Général Silvestre)

III
Tirs de réglage et tirs d'efficacité

Réglage du tir. – "Les Japonais faisaient d'abord un réglage percutant et réglaient ensuite la fusée. Ils recherchaient une fourchette de 400.m qu'ils réduisaient à 100.m dans le tir sur les objectifs en mouvement comme une chaîne d'infanterie et à 25.m dans le tir sur tranchée-abri, le plus fréquent dans cette guerre." (Général Lambard)

"Le réglage direct du tir fusant leur paraissait plus compliqué, surtout plus difficile, parce que leur shrapnel produisait peu de fumée. C'est pour la même raison qu'ils ont employé très fréquemment dans le réglage percutant l'obus explosif qui permet de mieux voir le point de chute". (Commandant Payeur)

"Les Russes faisaient surtout du réglage fusant." (Commandant Payeur)

Importance de la préparation du tir. – "Il est nécessaire de préparer le tir avec soin. La grande difficulté dans le réglage du tir contre une infanterie assaillante, c'est qu'en général cette infanterie couchée derrière un couvert est invisible. L'artillerie devra donc étudier et repérer soigneusement la zône en avant d'elle. Il ne suffit pas de faire un panorama qui n'est guère utile que pour fournir

les éléments……

les éléments du tir contre l'artillerie adverse. Il faut que chaque fois que cela est possible, envoyer des officiers qui doivent parcourir à pied la zône en avant noter les couverts que l'ennemi pourra utiliser, leur distance entre eux et à des points remarquables du terrain." (Commandant Payeur)

Vitesse du tir. - "Quand le réglage était terminé, les Japonais continuaient le tir coup par coup, tir plus ou moins rapide suivant que les circonstances tactiques l'exigeaient ou suivant que les batteries étaient plus ou moins contrebattues par l'artillerie ennemie." (Commandant Payeur)

Le tir était, en général, assez lent, sa vitesse était d'ailleurs limitée par les propriétés restreintes du matériel. "Dans certains cas, par exemple lors de la préparation de l'attaque, le feu devenait très vif; même, au dernier moment qui précède le départ de l'attaque d'infanterie nous l'avons vu atteindre une fois, pendant un temps très court, 6 coups par pièce à la minute. Mais la vitesse n'excédait pas, d'ordinaire, 3 coups et elle restait le plus souvent au-dessous de ce chiffre." (Général Lombard) La rapidité maxima qu'a vu atteindre le Commandant Payeur, et seulement pendant de courts instants, fut de 2 coups par pièce à la minute.

Les Russes.....

"Les Russes tiraient, presque toujours, beaucoup plus vite que les Japonais." (Commandant Payeur)

Emploi du tir lent et continu. - "L'aide apportée à l'infanterie en tirant sur l'infanterie adverse est non seulement réelle mais aussi morale. Il faut, pour donner confiance à l'infanterie, qu'elle voit les projectiles de son artillerie tomber sur l'ennemi, ou du moins qu'elle croit les voir. C'est pour cela qu'il faut que le tir ait quelque durée, quelque continuité, par suite : pour ne pas consommer trop de projectiles, soit un tir lent." (Commandant Payeur)

"Il reste bien entendu que cela n'exclut pas un tir plus rapide quand les occasions favorables se présentent." (Commandant Payeur)

Tir par rafales. - "Les Japonais n'ont jamais employé le tir par rafales et très exceptionnellement le tir par salves. Les Russes, au contraire, tiraient souvent par rafales." (Commandant Payeur) "Leur tir le plus fréquent était le tir par salves d'une aile à l'autre de la batterie." (Général Silvestre)

"Les artilleurs japonais s'abritaient quand arrivaient les rafales russes et de cette façon 4, 6 ou 8 projectiles ne produisaient pas plus d'effet qu'un seul. Contre

de l'artillerie .....

de l'artillerie qui peut s'abriter, il ne faut pas employer la rafale. Il en est de même contre de l'infanterie retranchée à moins que la situation ne justifie l'emploi de rafales se succédant très rapidement." (Commandant Payeur)

Tir progressif. - "Les Japonais cherchaient autant que possible à faire du tir sur hausse unique, en réglant leur tir le mieux possible. Les batteries russes ont fait souvent du tir progressif, c'est à dire que leurs rafales successives, bien que ne se succédant pas rapidement, étaient tirées avec des hausses différentes."

"Il faut se garder de l'entraînement naturel de se contenter d'un réglage sommaire et de tirer avec des hausses échelonnées, car on est conduit ainsi à une grande dépense de munitions." (Ct. Payeur)

Tir sur zônes. - "Les Russes exécutèrent fréquemment des tirs sur zônes et reçurent souvent l'ordre de battre des vallées dans lesquelles on supposait la présence de troupes ennemies, sans qu'on n'en vit aucune et sans qu'il fut possible d'observer." (Général Silvestre) "Ils tiraient souvent dans des plis de terrain, des vallonnements, derrière des villages où ils supposaient qu'il y avait des réserves."

(Commandant Payeur)

"L'avis de tous ceux qui ont eu

l'occasion ......

l'occasion de se rendre compte des résultats de pareils tirs est qu'ils furent le plus souvent sans objet, mais entraînèrent une très grande consommation de projectiles sans aucune efficacité." (Général Silvestre) "Ces tirs sur but invisible n'ont, pour ainsi dire, jamais donné de résultats."

(Commandant Payeur)

"Quand on a à tirer sur un but invisible, ce qui ne doit être fait que rarement, et qu'on veut battre une zône où l'on pense que se trouve ce but, il paraît avantageux, pour ne pas gaspiller ses munitions, de tirer coup par coup."

(Commandant Payeur)

Enseignements. - "Il importe de préparer le tir avec le plus grand soin et, si c'est possible, de faire parcourir la zône, en avant des positions, par des officiers pour repérer les couverts que l'assaillant pourra utiliser."

(Commandant Payeur)

"Il est également nécessaire de régler le tir aussi exactement que possible et de ne pas se contenter d'un réglage sommaire suivi d'un tir échelonné." (Commandant Payeur)

"Le tir lent est le tir normal, le tir rapide l'exception. L'action de l'artillerie doit avoir une certaine durée

pour ....

pour agir sur le moral de l'adversaire et surtout sur celui de l'infanterie amie (Commandant Payeur)

"Contre des troupes abritées, le tir coup par coup doit être généralement employé, sa vitesse variant avec les circonstances. Si cette vitesse doit être assez grande, employer alors la rafale."

(Commandant Payeur)

"Le tir par rafales, le tir progressif ne doivent être employés que rarement et seulement sur des troupes à découvert." (Commandant Payeur)

"Le tir sur zônes produit des résultats insignifiants et entraîne un gaspillage de munitions." (Gal Silvestre)

Va bon à tirer à 21 exemplaires après corrections

[signature]

Corrections faites 18/06

[signature]

Vu et visé n° 216 [illegible]

Le Commandant

[illegible]

18 x/06

www.ingramcontent.com/pod-product-compliance
Lightning Source LLC
LaVergne TN
LVHW010250230826
846091LV00007B/2891

* 9 7 8 2 0 1 9 2 2 5 0 9 4 *